Impressum
Verlag: BABADADA GmbH, Nedderfeld 112 , 22529 Hamburg
Geschäftsführer / Verlagsleitung: Harald Hof
Druck: Books on Demand GmbH, In de Tarpen 42, 22848 Norderstedt

Imprint
Publisher: BABADADA GmbH, Nedderfeld 112 , 22529 Hamburg, Germany
Managing Director / Publishing direction: Harald Hof
Print: Books on Demand GmbH, In de Tarpen 42, 22848 Norderstedt, Germany

škola

iskola

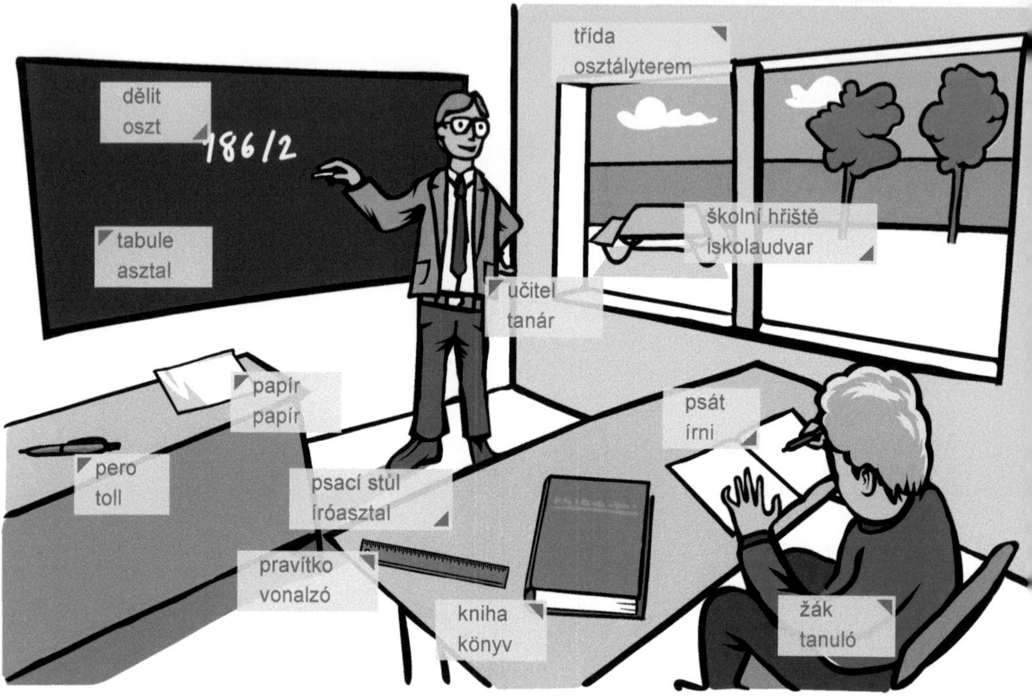

třída
osztályterem
dělit
oszt
186/2
tabule
asztal
školní hřiště
iskolaudvar
učitel
tanár
papír
papír
psát
írni
pero
toll
psací stůl
íróasztal
pravítko
vonalzó
kniha
könyv
žák
tanuló

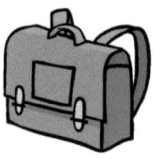

aktovka
iskolatáska

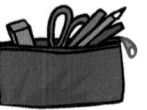

penál
tolltartó

tužka
ceruza

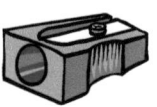

ořezávátko
ceruzahegyező

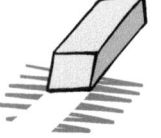

guma
radír

blok na kreslení
rajzfüzet

výkres
rajz

štětec
ecset

malířské potřeby
festőkészlet

nůžky
olló

lepidlo
ragasztó

cvičebnice
munkafüzet

domácí úkol
házi feladat

12

počet
szám

2+2

sčítat
összead

5-2

odčítat
kivon

2×2

násobit
szoroz

počítat
számol

A

písmeno
betű

ABCDEFG
HIJKLMN
OPQRSTU
VWXYZ

abeceda
ABC

hello

slovo
szó

text
szöveg

číst
olvasni

křída
kréta

hodina
tanóra

třídní kniha
napló

zkouška
vizsga

vysvědčení
bizonyítvány

školní uniforma
iskolai egyenruha

vzdělání
oktatás

encyklopedie
enciklopédia

univerzita
egyetem

mikroskop
mikroszkóp

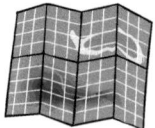

karta
térkép

odpadkový koš na papír
papír-hulladék gyűjtő

4

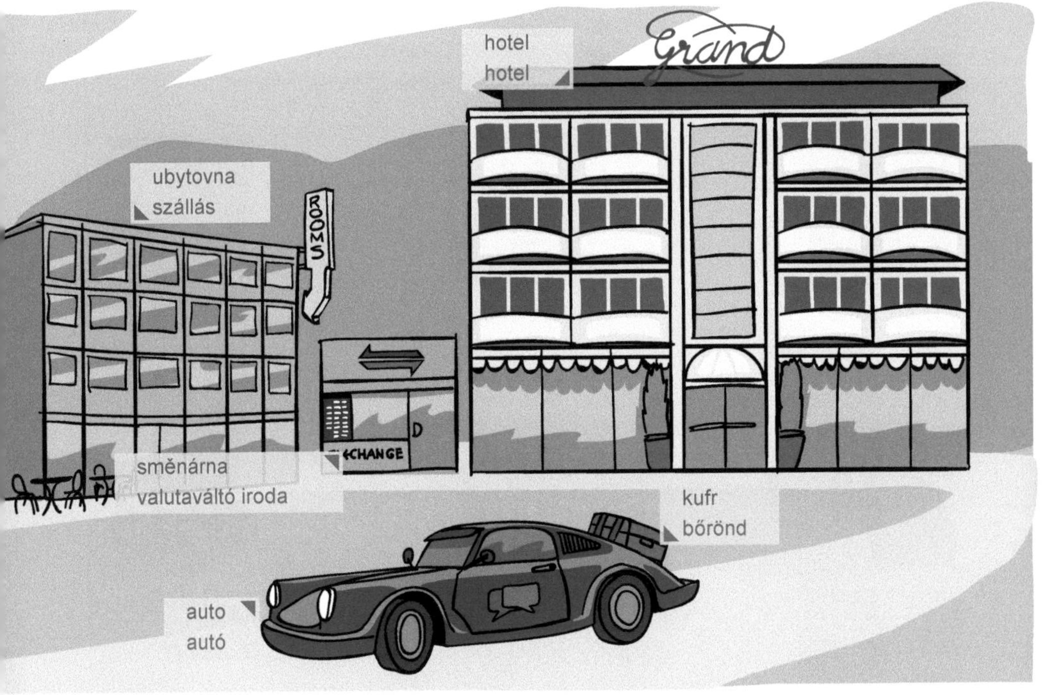

hotel
hotel
Grand
ubytovna
szállás
ROOMS
EXCHANGE
směnárna
valutaváltó iroda
kufr
bőrönd
auto
autó

jazyk

nyelv

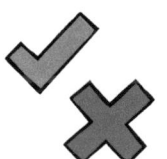

ano / ne

igen/nem

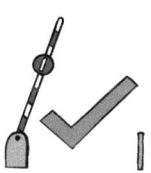

oukej

rendben

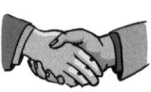

Ahoj!

szia

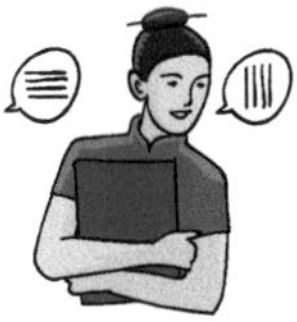

překladatel

fordító

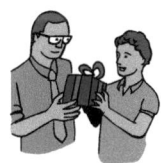

děkuji

köszönöm

Kolik stojí...?

mennyibe kerül...?

nerozumím

nem értem

problém

probléma

Dobrý večer!

Jó estét!

Dobré ráno!

jó reggelt!

Dobrou noc!

jó éjszakát!

na shledanou

viszontlátásra

směr

útirány

zavazadlo

poggyász

taška

táska

batoh

hátizsák

host

vendég

pokoj

szoba

spací pytel

hálózsák

stan

sátor

turistické informace

turista információ

pláž

strand

kreditní karta

hitelkártya

snídaně

reggeli

oběd

ebéd

večeře

vacsora

jízdenka

jegy

výtah

lift

poštovní známka

bélyeg

hranice

határ

clo

vám

poselství

nagykövetség

vízum

vízum

pas

útlevél

transport
közlekedés

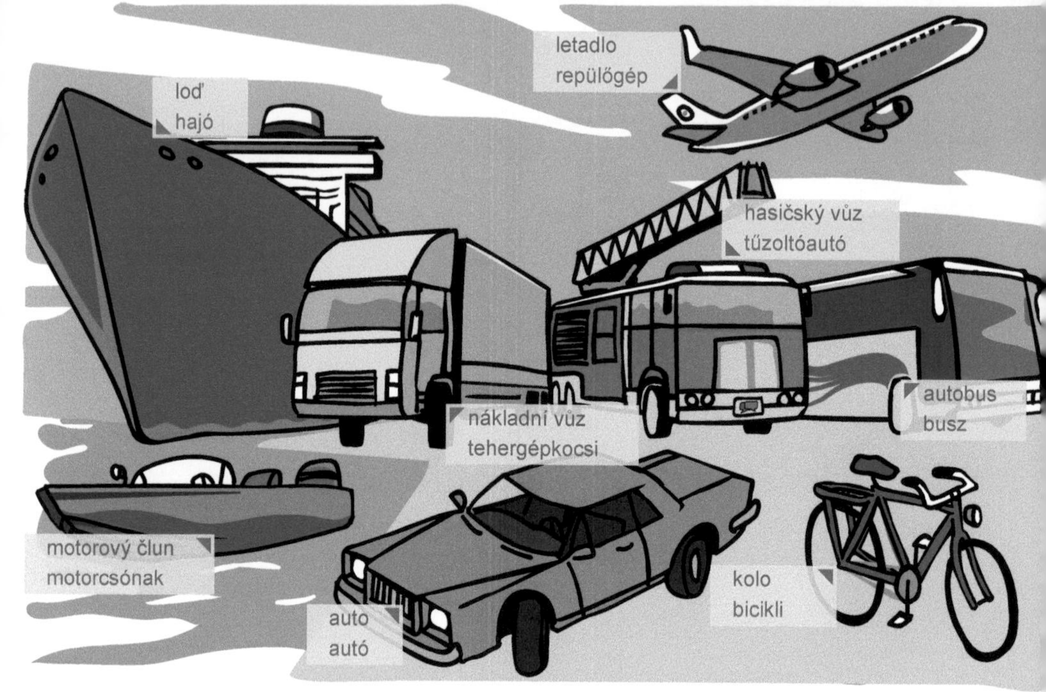

letadlo
repülőgép
loď
hajó
hasičský vůz
tűzoltóautó
nákladní vůz
tehergépkocsi
autobus
busz
motorový člun
motorcsónak
kolo
bicikli
auto
autó

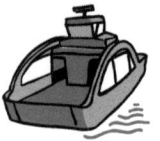

přívoz
komp

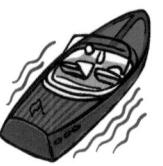

člun
csónak

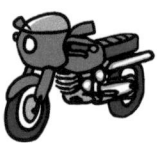

motorka
motorkerékpár

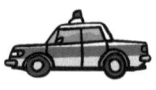

policejní auto
rendőrautó

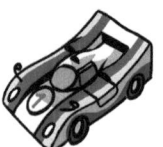

závodní auto
versenyautó

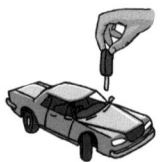

pronajaté auto
bérautó

sdílení aut

telekocsi

odtahová služba

vontató

popelářský vůz

szemetes autó

motor

motor

palivo

üzemanyag

čerpací stanice

benzinkút

dopravní značka

közlekedési tábla

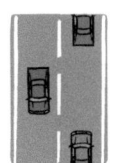

doprava

forgalom

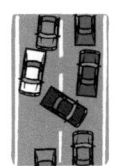

dopravní zácpa

forgalmi dugó

parkoviště

parkoló

vlakové nádraží

vonatállomás

koleje

sínek

vlak

vonat

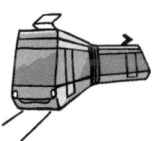

tramvaj

villamos

vagón

vagon

transport - közlekedés

helikoptéra
helikopter

letiště
repülőtér

věž
torony

pasažér
utas

kontejner
konténer

kartón
kartondoboz

trakař
taliga

koš
kosár

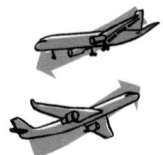

vzlétnout / přistát
felszáll / leszáll

město
város

vesnice
falu

střed města
városközpont

dům
ház

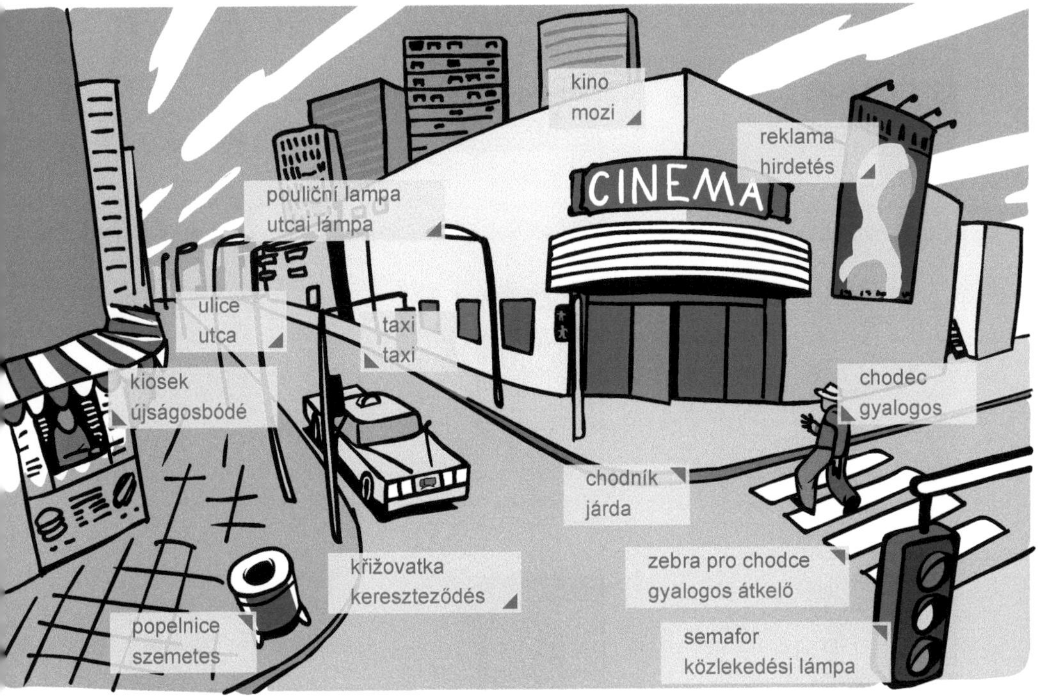

kino
mozi

reklama
hirdetés

pouliční lampa
utcai lámpa

CINEMA

ulice
utca

taxi
taxi

kiosek
újságosbódé

chodec
gyalogos

chodník
járda

křižovatka
kereszteződés

zebra pro chodce
gyalogos átkelő

popelnice
szemetes

semafor
közlekedési lámpa

chata
....
kunyhó

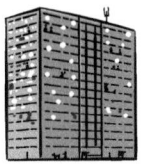

byt
....
lakás

vlakové nádraží
....
vonatállomás

radnice
....
városháza

muzeum
....
múzeum

škola
....
iskola

město - város

11

univerzita

egyetem

banka

bank

nemocnice

kórház

hotel

hotel

lékárna

gyógyszertár

kancelář

iroda

knihkupectví

könyvesbolt

obchod

üzlet

květinářství

virágüzlet

supermarket

szupermarket

tržnice

piac

obchodní dům

áruház

rybárna

halárus

nákupní centrum

bevásárló központ

přístav

kikötő

park
park

lavička
pad

most
híd

schody
lépcső

metro
metró

tunel
alagút

autobusová zastávka
buszmegálló

bar
bár

restaurace
étterem

poštovní schránka
postaláda

pouliční tabule
utcatábla

parkovací hodiny
parkoló óra

zoo
állatkert

plovárna
uszoda

mešita
mecset

usedlost
....
gazdálkodás

znečišťování životního
prostředí
....
környezetszennyezés

hřbitov
....
temető

církev
....
templom

hřiště
....
játszótér

chrám
....
szentély

krajina
táj

list
levél

rozcestník
útjelző tábla

cesta
út

louka
rét

kámen
kő

turista
túrázó

strom
fa

řeka
folyó

tráva
fű

květina
virág

údolí
....
völgy

hora
....
domb

jezero
....
tó

les
....
erdő

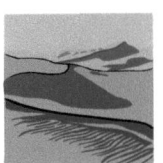

poušť
....
sivatag

sopka
....
vulkán

zámek
....
kastély

duha
....
szivárvány

houba
....
gomba

palma
....
pálmafa

komár
....
szúnyog

moucha
....
légy

mravenec
....
hangya

včela
....
méhecske

pavouk
....
pók

brouk
bogár

žába
béka

veverka
mókus

ježek
sündisznó

zajíc
nyúl

sova
bagoly

pták
madár

labuť
hattyú

divoké prase
vaddisznó

jelen
szarvas

los
rénszarvas

přehrada
gát

větrné kolo
szélturbina

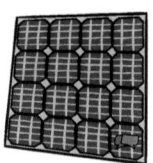

solární panel
napelem

podnebí
éghajlat

čišník
pincér

jídelní lístek
menü

židle
szék

polévka
leves

pizza
pizza

příbor
evőeszköz

ubrus
terítő

předkrm
....
előétel

hlavní chod
....
főétel

dezert
....
desszert

nápoje
....
italok

jídlo
....
étel

láhev
....
üveg

rychlé občerstvení

gyorsétel

pouliční občerstvení

gyorsétel

čajová konvice

teás kanna

cukřenka

cukortartó

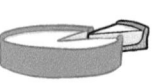

porce

adag

kávovar na espresso

eszpresszógép

dětská stolička

bárszék

faktura

számla

tác

tálca

nůž

kés

vidlička

villa

lžíce

kanál

čajová lyžička

teáskanál

ubrousek

szalvéta

sklenička

pohár

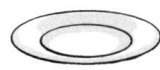

talíř
tányér

talíř na polévku
leveses tányér

podšálek
csészealj

omáčka
szósz

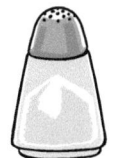

slánka
sószóró

mlýnek na pepř
borsőrlő

ocet
ecet

olej
étkezési olaj

koření
fűszerek

kečup
ketchup

hořčice
mustár

majonéza
majonéz

supermarket
szupermarket

nabídka
különleges ajánlat
FOR
zákazník
ügyfél
mléčné výrobky
tejtermék
ovoce
gyümölcsök
nákupní vozík
bevásárló kocsi

BUTCHERS

masna
hentes

BAKERY

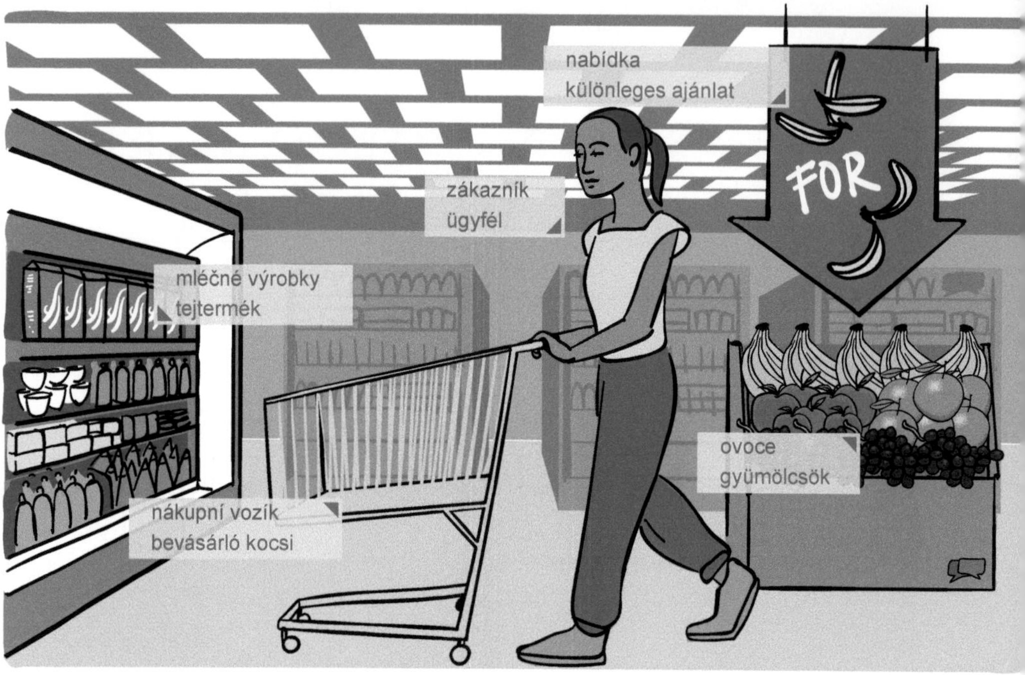

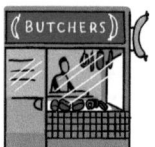

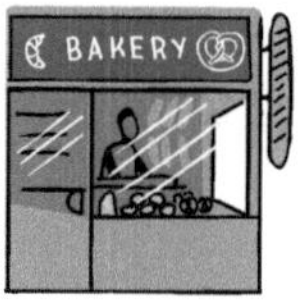

pekařství
pékség

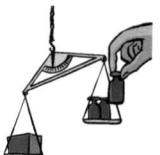

vážit
nyom valamennyit

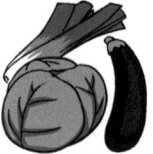

zelenina
zöldség

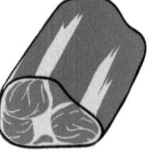

maso
hús

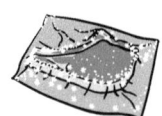

mražené potraviny
fagyasztott áru

obložený talíř

felvágott

konzervy

konzerv

prací prášek

mosópor

cukrovinky

édességek

výrobky pro domácnost

háztartási termék

čisticí prostředek

tisztítószerek

prodavačka

eladó

pokladna

pénztárgép

pokladní

eladó

nákupní seznam

bevásárló lista

otevírací doba

nyitva tartás

peněženka

levéltárca

kreditní karta

hitelkártya

taška

zacskó

igelitová taška

műanyag zacskó

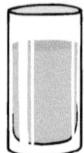

voda
víz

džus
gyümölcslé

mléko
tej

kola
kóla

víno
bor

pivo
sör

alkohol
alkohol

kakao
kakaó

čaj
tea

káva
kávé

espresso
eszpresszó

kapučíno
kapucsínó

banán

banán

jablko

alma

pomeranč

narancs

meloun

sárgadinnye

citrón

citrom

mrkev

sárgarépa

česnek

fokhagyma

bambus

bambusz

cibule

hagyma

houba

gomba

ořechy

magvak

těstoviny

nokedli

špageti

spagetti

rýže

rizs

salát

saláta

hranolky

sült krumpli

americké brambory

sült burgonya

pizza

pizza

hamburger

hamburger

sendvič

szendvics

řízek

hússzelet

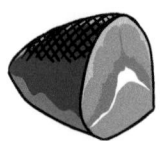

šunka

sonka

salám

szalámi

salám

kolbász

kuře

csirke

pečeně

pecsenye

ryby

hal

ovesné vločky

zabkása

müsli

müzli

vločky

kukoricapehely

mouka

liszt

croissant

croissant

houska

zsemle

chléb

kenyér

toast

pirítós kenyér

sušenky

keksz

máslo

vaj

tvaroh

túró

buchta

sütemény

vejce

tojás

volské oko

tükörtojás

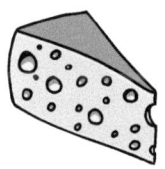

sýr

sajt

zmrzlina

jégkrém

cukr

cukor

med

méz

marmeláda

lekvár

nugátový krém

mogyorókrém

kari

curry

usedlost
gazdálkodás

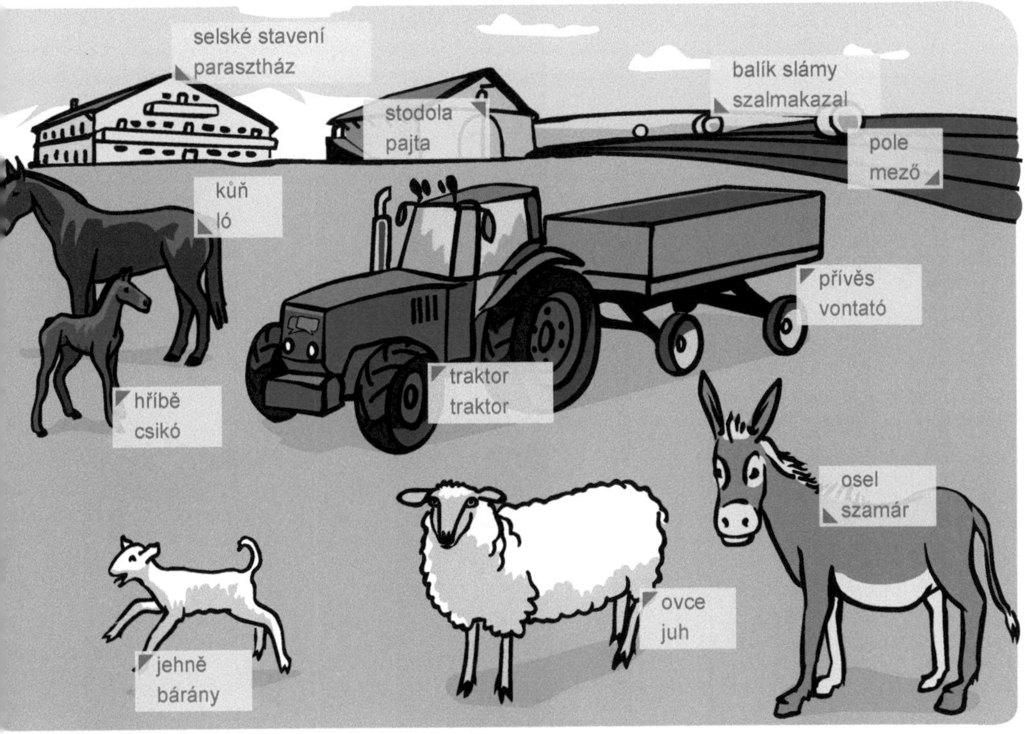
selské stavení
parasztház
stodola
pajta
balík slámy
szalmakazal
pole
mező
kůň
ló
přívěs
vontató
traktor
traktor
hříbě
csikó
osel
szamár
ovce
juh
jehně
bárány

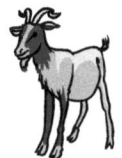

koza
kecske

kráva
tehén

tele
borjú

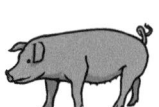

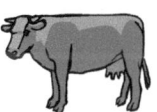

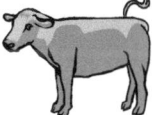

prase
malac

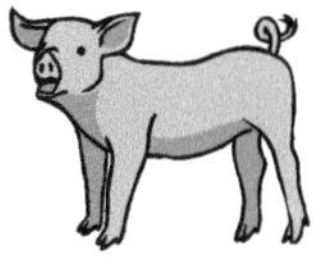

sele
kismalac

býk
bika

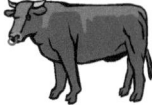

husa

liba

kachna

kacsa

kuře

csibe

slepice

tojó

kohout

kakas

krysa

patkány

kočka

macska

myš

egér

vůl

ökör

pes

kutya

psí bouda

kutyaház

zahradní hadice

kerti öntözőcső

kropicí konev

öntözőkanna

kosa

kasza

pluh

eke

srp
....
sarló

motyka
....
kapa

vidle
....
vasvilla

sekera
....
fejsze

kolecko
....
talicska

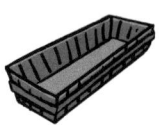

koryto
....
teknő

konev na mléko
....
tejes kancsó

pytel
....
zsák

plot
....
kerítés

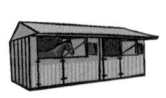

stáj
....
istálló

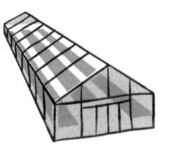

skleník
....
üvegház

půda
....
talaj

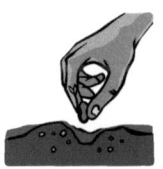

osivo
....
vetőmag

hnojivo
....
trágya

kombajn
....
cséplőgép

sklidit

szüretelni

sklizeň

betakarítás

smldinec

yamgyökér

pšenice

búza

sója

szója

brambora

burgonya

kukuřice

kukorica

řepka

repcemag

ovocný strom

gyümölcsfa

maniok

manióka

obilí

gabona

dům
ház

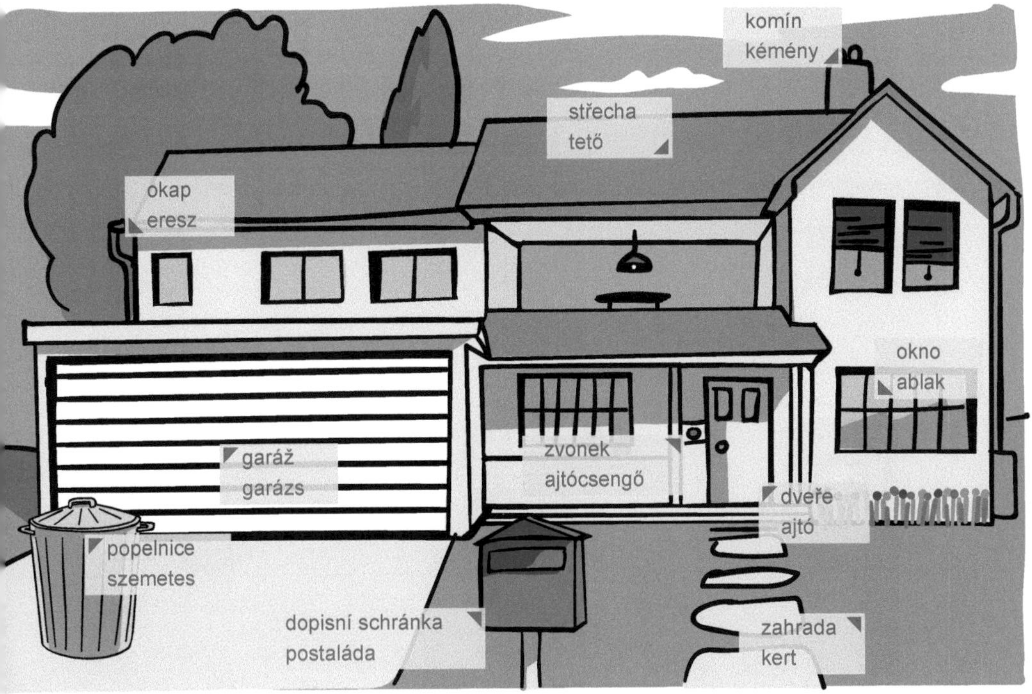
komín
kémény
střecha
tető
okap
eresz
okno
ablak
zvonek
ajtócsengő
garáž
garázs
dveře
ajtó
popelnice
szemetes
dopisní schránka
postaláda
zahrada
kert

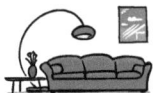

obývací pokoj

nappali

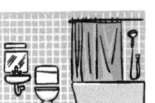

koupelna

fürdőszoba

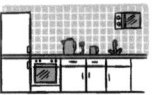

kuchyně

konyha

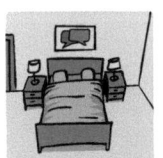

ložnice

hálószoba

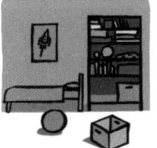

dětský pokoj

gyerekszoba

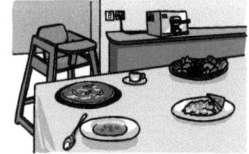

jídelna

ebédlő

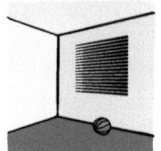

podlaha

padló

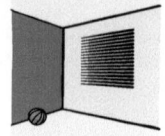

zeď

fal

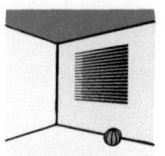

deka

plafon

sklep

pince

sauna

szauna

balkón

erkély

terasa

terasz

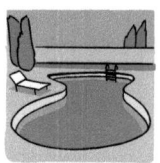

bazén

medence

sekačka na trávu

fűnyíró

ložní prádlo

lepedő

lůžková přikrývka

ágytakaró

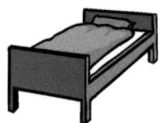

postel

ágy

smeták

seprű

kýbl

vödör

vypínač

kapcsoló

obývací pokoj
nappali

tapeta
tapéta
obrázek
kép
žárovka
lámpa
police
polc
skříň
szekrény
televizor
televízió
komín
kandalló
květina
virág
polštář
párna
gauč
kanapé
váza
váza
dálkový ovladač
távirányító

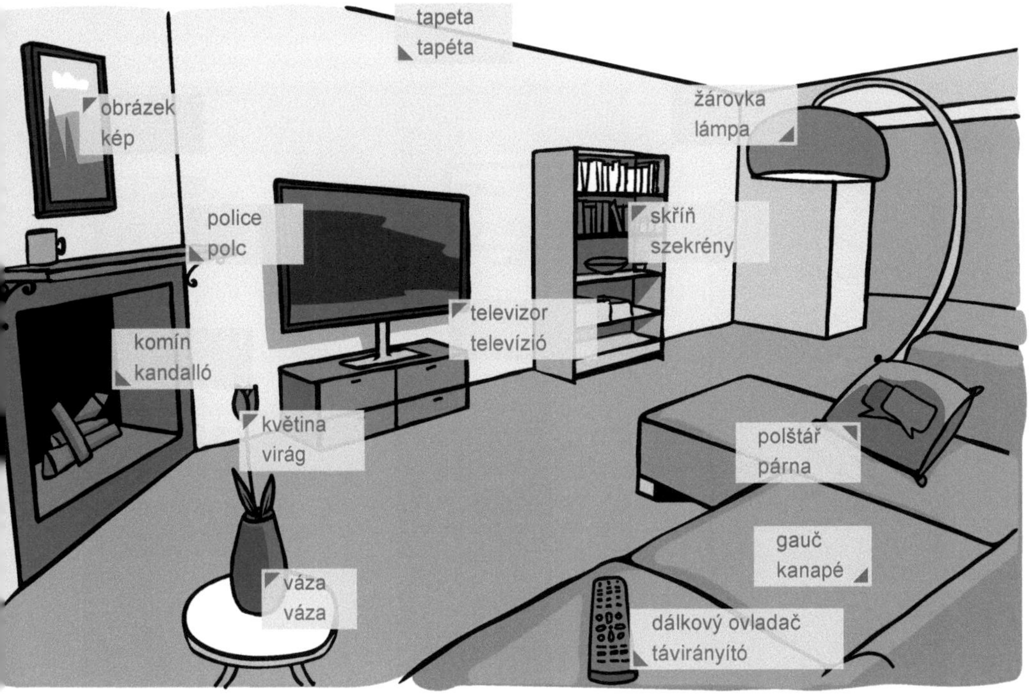

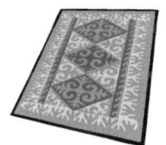

koberec
szőnyeg

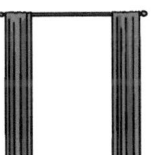

závěs
függöny

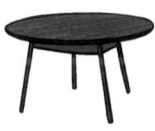

stůl
asztal

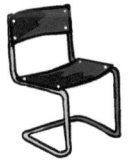

židle
szék

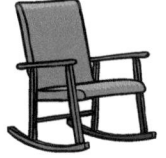

houpací křeslo
hintaszék

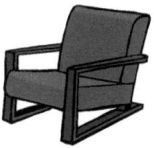

křeslo
karosszék

kniha
könyv

strop
takaró

ozdoba
dekoráció

palivové dříví
tűzifa

film
film

stereo souprava
hifi

klíč
kulcs

noviny
újság

malba
festmény

plakát
poszter

rádio
rádió

poznámkový blok
jegyzetfüzet

vysavač
porszívó

kaktus
kaktusz

svíce
gyertya

kuchyně
konyha

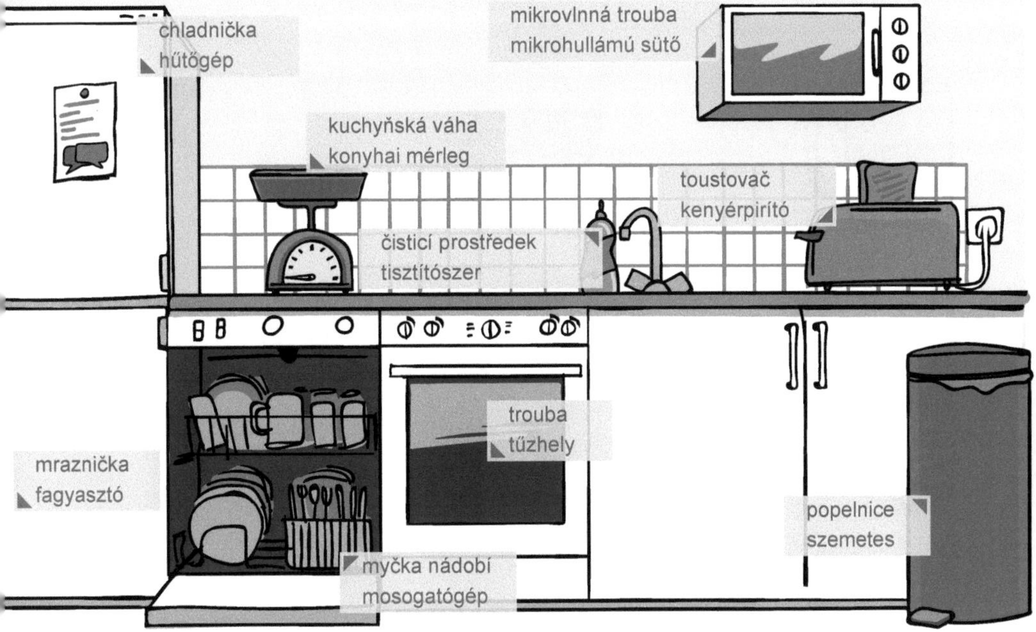

chladnička
hűtőgép
mikrovlnná trouba
mikrohullámú sütő
kuchyňská váha
konyhai mérleg
toustovač
kenyérpirító
čisticí prostředek
tisztítószer
trouba
tűzhely
mraznička
fagyasztó
popelnice
szemetes
myčka nádobí
mosogatógép

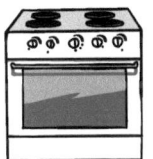

sporák
....
tűzhely

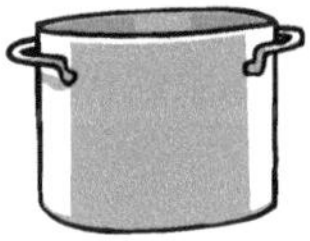

hrnec
....
edény

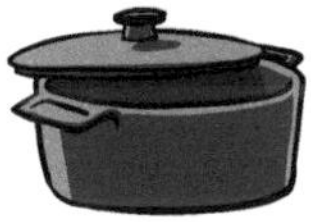

litinový hrnec
....
vasfazék

wok / kadai
....
wok / kadai

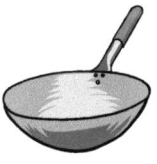

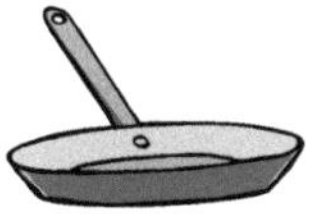

pánev
....
serpenyő

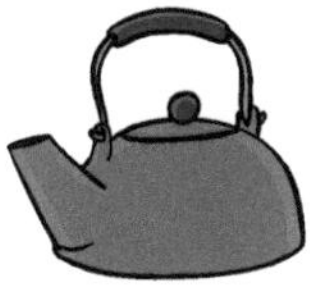

varná konvice
....
vízforraló

parní hrnec

pároló

plech na pečení

tepsi

nádobí

étkészlet

hrnek

bögre

miska

tálka

jídelní hůlky

evőpálcika

naběračka

merőkanál

obracečka

keverőlapátka

metla

habverő

síto

szűrő

cedník

szita

struhadlo

reszelő

hmoždíř

mozsár

gril

grillsütő

ohniště

kandalló

prkénko na krájení

vágódeszka

váleček na těsto

sodrófa

vývrtka

dugóhúzó

dóza

doboz

otvírák na konzervy

konzervnyitó

chňapka

edényfogó

umyvadlo

mosogató

kartáč na nádobí

kefe

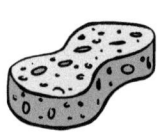

houba

szivacs

mixér

turmixgép

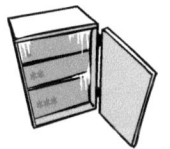

mrazák

mélyhűtő

dětská lahev

cumisüveg

kohoutek

csap

koupelna
fürdőszoba

topení
fűtés
ručník
törölköző
sprcha
zuhany
sprchový závěs
zuhanyfüggöny
pěnová koupel
habfürdő
vana
kád
sklenička
pohár
pračka
mosógép
kohoutek
csap
obkladačky
csempe
nočník
bili
umyvadlo
mosogató

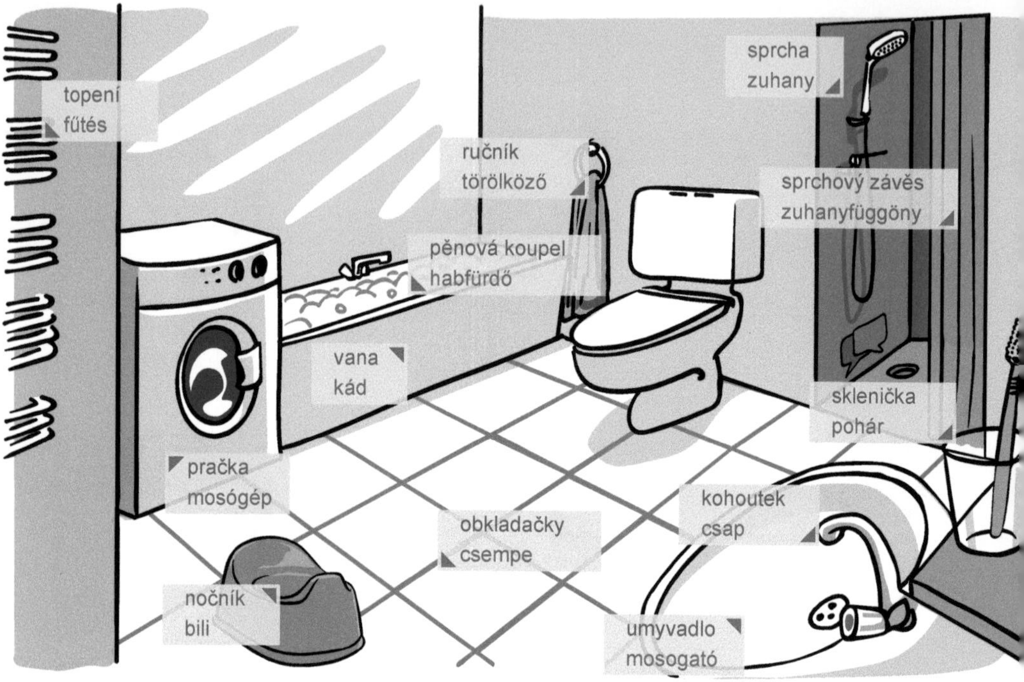

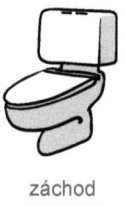

záchod

toalett

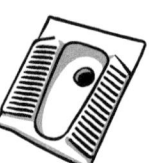

turecký záchod

guggolós toalett

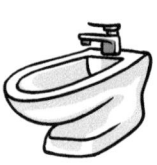

bidet

bidé

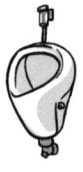

pisoár

piszoár

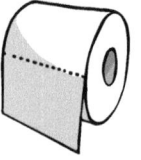

toaletní papír

toalett papír

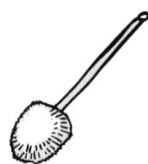

záchodová štětka

wc kefe

zubní kartáček

fogkefe

zubní pasta

fogkrém

zubní niť

fogselyem

mýt

mosni

ruční sprcha

kézi zuhany

intimní sprcha

intimzuhany

umyvadlo

mosdótál

kartáč na záda

hátmosó kefe

mýdlo

szappan

sprchový gel

tusfürdő

šampón

sampon

žínka

mosdókesztyű

odpad

lefolyó

krém

krém

deodorant

dezodor

koupelna - fürdőszoba

zrcadlo

tükör

kosmetické zrcátko

kézitükör

holicí strojek

borotva

pěna na holení

borotvahab

voda po holení

borotválkozás utáni
arcszesz

hřeben

fésű

kartáč

hajkefe

fén

hajszárító

lak na vlasy

hajlakk

makeup

smink

rtěnka

ajakrúzs

lak na nehty

körömlakk

vata

vatta

nůžky na nehty

körömvágó olló

parfém

parfüm

koupelna - fürdőszoba

aška s toaletními potřebami

neszesszer

stolička

sámli

váha

mérleg

župan

köntös

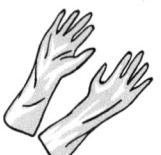

gumové rukavice

gumikesztyű

tampón

tampon

dámská vložka

egészségügyi betét

chemická toaleta

vegyi WC

dětský pokoj
gyerekszoba

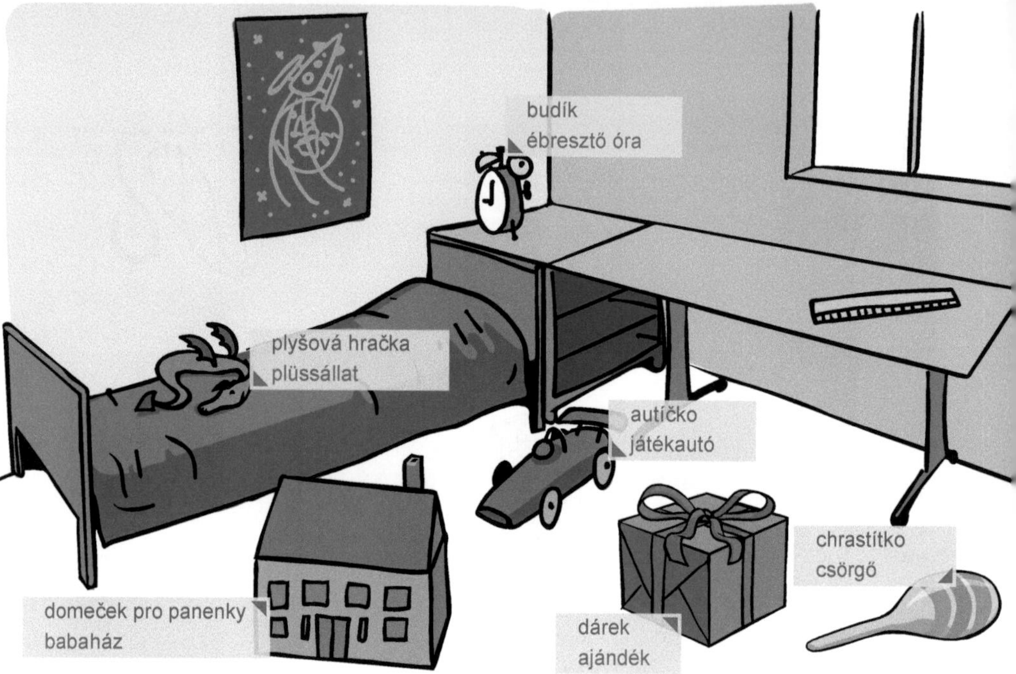
budík
ébresztő óra
plyšová hračka
plüssállat
autíčko
játékautó
chrastítko
csörgő
domeček pro panenky
babaház
dárek
ajándék

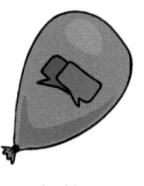

balón

lufi

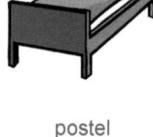

postel

ágy

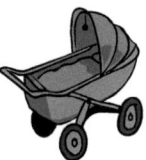

kočárek

babakocsi

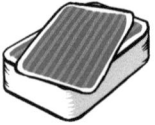

balíček karet

kártyapakli

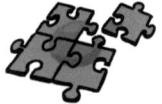

puzzle

kirakós játék

komiks

képregény

lego kostky

építőkockák

stavebnice

építőelem

akční figurka

szuperhős

dupačky

rugdalózó

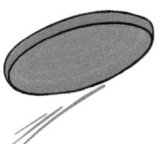

frisbee

frizbi

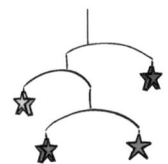

závěsné hračky nad postýlku
zenélő forgó

desková hra

társasjáték

kostky

kocka

modelová železnice

modellvasút

dudlík

cumi

oslava

zsúr

obrázková kniha

képeskönyv

míč

labda

panenka

baba

hrát si

játszani

dětský pokoj - gyerekszoba

pískoviště

homokozó

houpačka

hinta

hračky

játékok

hrací konzole

videójáték konzol

tříkolka

tricikli

medvídek

teddi maci

šatník

ruhásszekrény

oblečení
ruházat

ponožky

zokni

punčochy

harisnya

punčochové kalhoty

harisnyanadrág

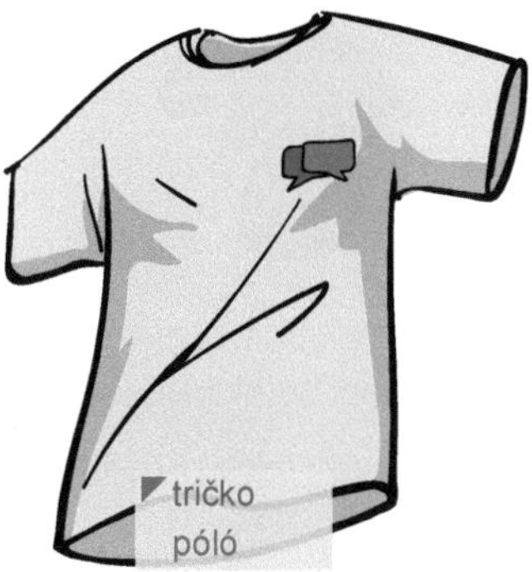

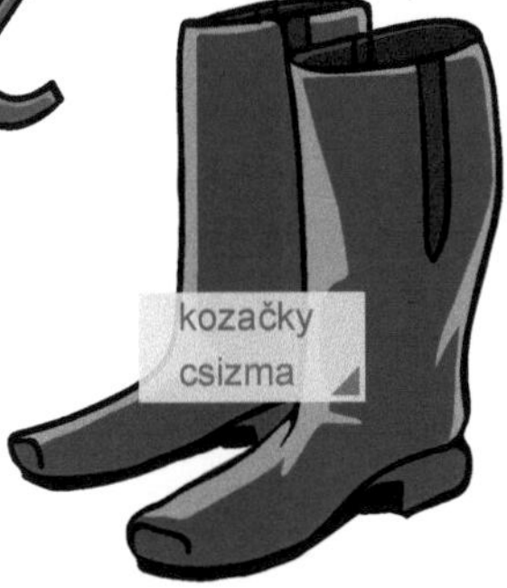

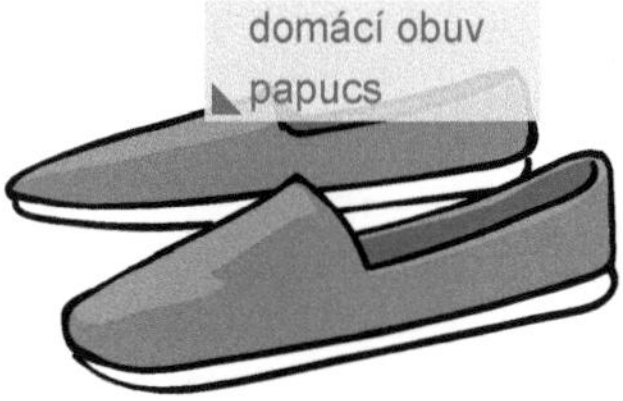

šála
sál

pásek
öv

deštník
esernyő

tričko
póló

tenisky
tornacipő

kozačky
csizma

domácí obuv
papucs

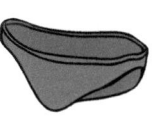

sandály
szandál

obuv
cipő

holínky
gumicsizma

spodní prádlo
alsónadrág

podprsenka
melltartó

nátělník
mellény

body
body

kalhoty
nadrág

džíny
farmer

sukně
szoknya

blůza
blúz

košile
ing

svetr
pulóver

mikina
kapucnis pulóver

blejzr
blézer

bunda
dzseki

kabát
kabát

pláštěnka
esőkabát

kostým
kosztüm

šaty
ruha

svatební šaty
esküvői ruha

oblek
öltöny

noční košile
hálóing

pyžamo
pizsama

sárí
szári

šátek na hlavu
fejkendő

turban
turbán

burka
burka

kaftan
kaftán

abája
abaya

plavky
fürdőruha

pánské plavky
fürdőnadrág

kraťasy
rövidnadrág

tepláková souprava
tréningruha

zástěra
kötény

rukavice
kesztyű

knoflík

gomb

brýle

szemüveg

náramek

karkötö

náhrdelník

nyaklánc

prsten

gyűrű

náušnice

fülbevaló

čepice

sapka

ramínko

vállfa

klobouk

kalap

kravata

nyakkendő

zip

cipzár

helma

bukósisak

kšandy

nadrágtartó

školní uniforma

iskolai egyenruha

uniforma

egyenruha

bryndák

előke

dudlík

cumi

plena

pelenka

kancelář
iroda

papír
papír

kartotéka
irattartó szekrény

tiskárna
nyomtató

psací stůl
íróasztal

šanon
mappa

server
szerver

monitor
képernyő

myš
egér

klávesnice
billentyűzet

odpadkový koš na papír
papír-hulladék gyűjtő

počítač
számítógép

židle
szék

hrnek na kávu

kávéscsésze

kalkulačka

számológép

internet

internet

notebook

laptop

dopis

levél

zpráva

üzenet

mobil

mobiltelefon

síť

hálózat

kopírka

fénymásoló

software

szoftver

telefon

telefon

zásuvka

konnektor

fax

faxgép

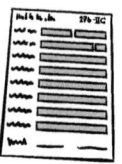

formulář

formanyomtatvány

dokument

dokumentum

nakupovat
venni

zaplatit
fizetni

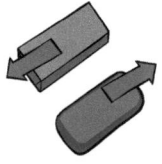

jednat
kereskedni

peníze
pénz

USD

dolar
dollár

EUR

euro
euró

JPY

jen
jen

RUB

rubl
rubel

CHF

frank
svájci frank

CNY

juan
kínai jüan

INR

rupie
rúpia

bankomat
bankautomata

směnárna

valutaváltó iroda

zlato

arany

stříbro

ezüst

olej

olaj

energie

energia

cena

ár

smlouva

szerződés

daň

adó

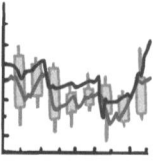

akcie

részvény

pracovat

dolgozni

zaměstnanec

munkavállaló

zaměstnavatel

munkaadó

továrna

gyár

obchod

üzlet

povolání
foglalkozások

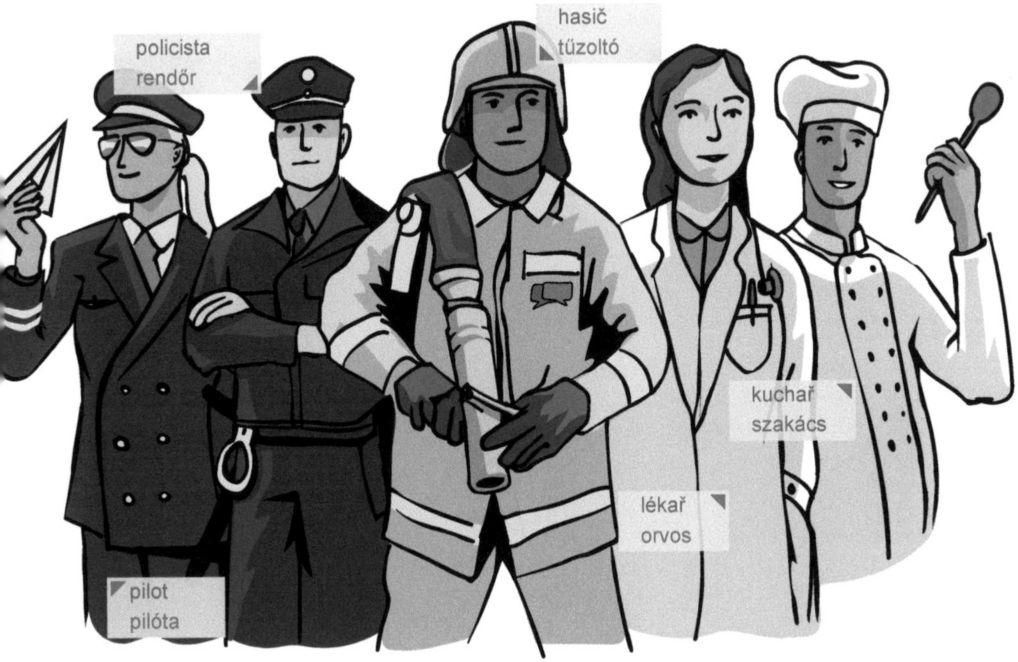
policista
rendőr
hasič
tűzoltó
kuchař
szakács
lékař
orvos
pilot
pilóta

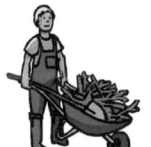

zahradník

kertész

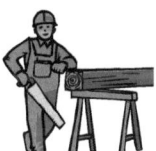

truhlář

kárpitos

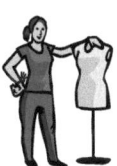

švadlena

varrónő

soudce

bíró

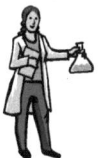

chemik

vegyész

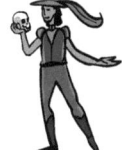

herec

színész

řidič autobusu

buszsofőr

řidič taxi

taxisofőr

rybář

halász

uklízečka

bejárónő

pokrývač

tetőfedő

číšník

pincér

myslivec

vadász

malíř

festő

pekař

pék

elektrikář

villanyszerelő

stavební dělník

építőmunkás

inženýr

mérnök

řezník

hentes

klempíř

vízvezeték-szerelő

listonoš

postás

voják
katona

architekt
építész

pokladní
eladó

florista
virágos

kadeřník
fodrász

průvodčí
kalauz

mechanik
műszerész

kapitán
kapitány

zubař
fogorvos

vědec
tudós

rabín
rabbi

imám
imám

mnich
szerzetes

duchovní
lelkész

nářadí
szerszámok

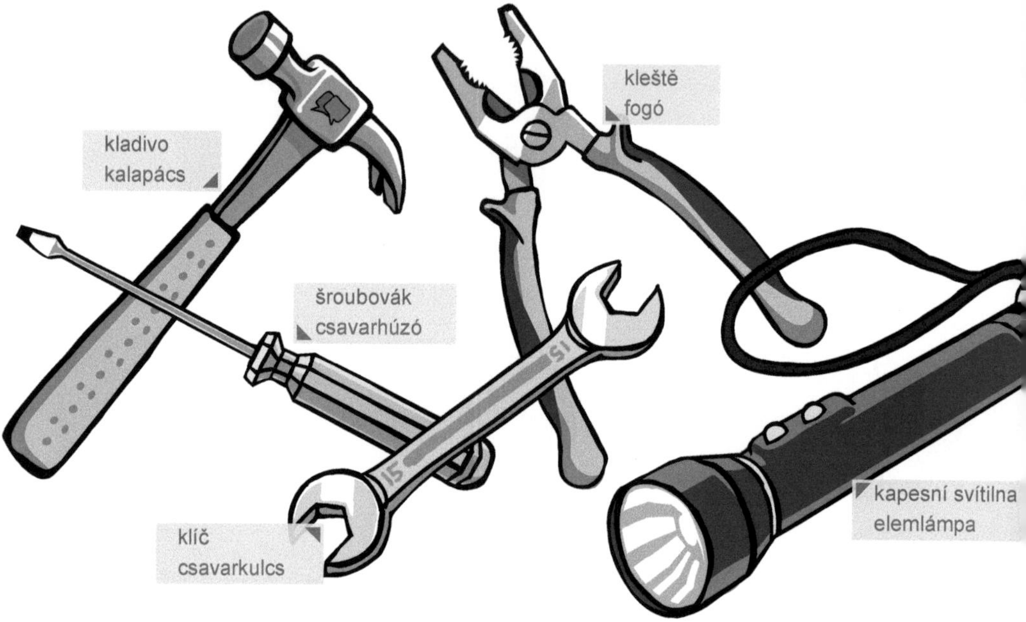

kladivo
kalapács
kleště
fogó
šroubovák
csavarhúzó
klíč
csavarkulcs
kapesní svítilna
elemlámpa

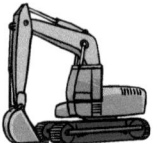

bagr
markológép

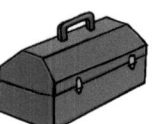

skříň na nářadí
szerszámosláda

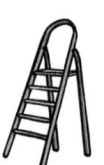

žebřík
vödör

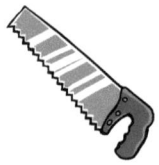

pila
fűrész

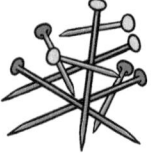

hřebíky
szög

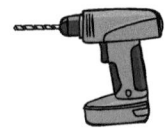

vrtačka
fúrógép

opravit

megjavítani

lopata

lapát

Kurva!

A francba!

lopatka

szemétlapát

vědroé na barvu

festékesdoboz

šrouby

csavar

hudební nástroje
hangszerek

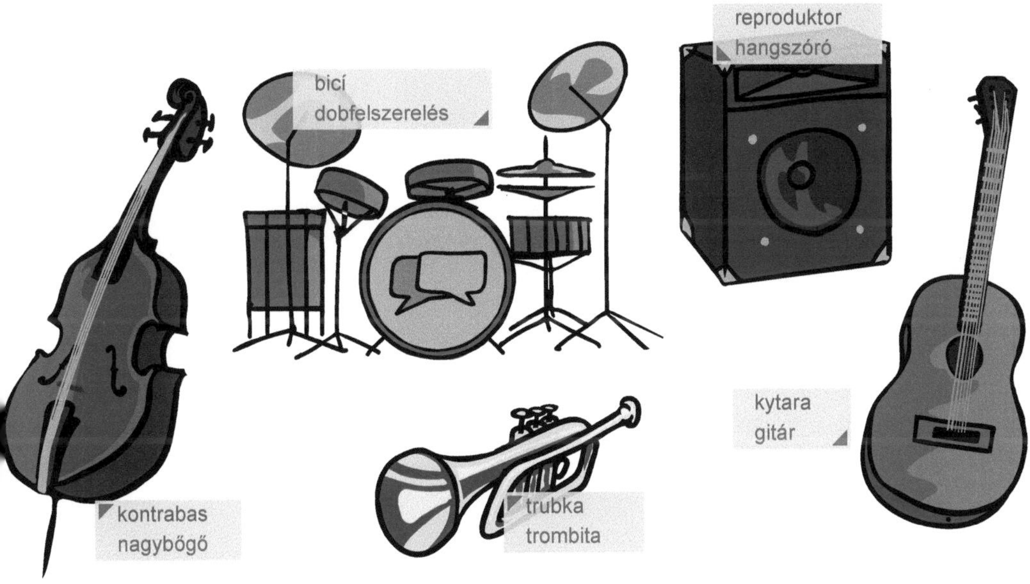

reproduktor
hangszóró

bicí
dobfelszerelés

kytara
gitár

kontrabas
nagybőgő

trubka
trombita

klavír
zongora

housle
hegedű

basa
basszusgitár

tympán
üstdob

bubny
dobok

keyboard
digitális zongora

saxofon
szaxofon

flétna
fuvola

mikrofon
mikrofon

hudební nástroje - hangszerek

ZOO
állatkert

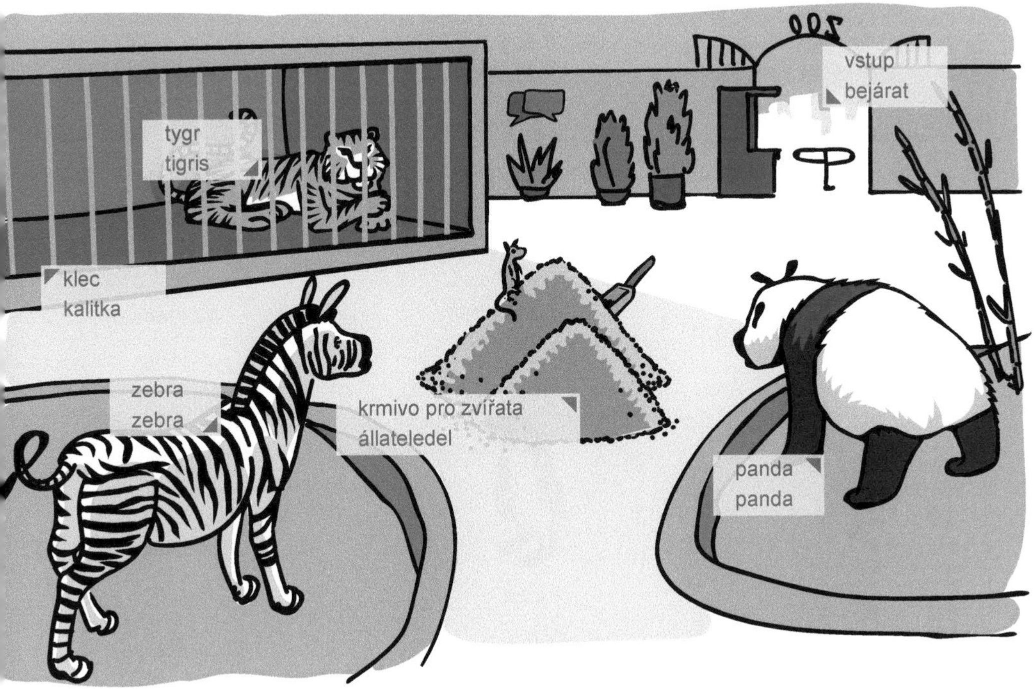
vstup
bejárat
tygr
tigris
klec
kalitka
zebra
zebra
krmivo pro zvířata
állateledel
panda
panda

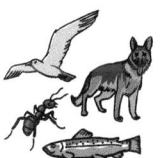

zvířata

állatok

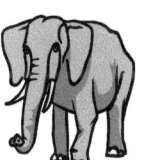

slon

elefánt

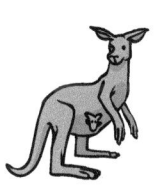

klokan

kenguru

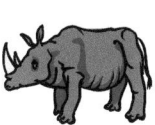

nosorožec

orrszarvú

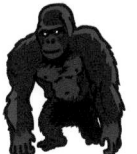

gorila

gorilla

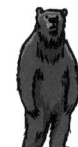

medvěd

medve

velbloud

teve

pštros

strucc

lev

oroszlán

opice

majom

plameňák

flamingó

papoušek

papagáj

lední medvěd

jegesmedve

tučňák

pingvin

žralok

cápa

páv

páva

had

kígyó

krokodýl

krokodil

ošetřovatel zvířat

állatgondozó

tuleň

fóka

jaguár

jaguár

poník

póniló

leopard

leopárd

hroch

víziló

žirafa

zsiráf

orel

sas

divoké prase

vaddisznó

ryby

hal

želva

teknős

mrož

rozmár

liška

róka

gazela

gazella

americký fotbal
amerikai futball

cyklistika
kerékpározás

tenis
tenisz

košíková
kosárlabda

plavání
úszás

box
boksz

lední hokej
jégkorong

kopaná
futball

badminton
tollas

lehká atletika
atlétika

házená
kézilabda

běh na lyžích
síelés

vodní pólo
lovaspóló

aktivity
tevékenységek

smát se
nevetni
skočit
ugrani
objímat
ölelni
jít
sétálni
zpívat
énekelni
snít
álmodni
modlit se
dicsérni
políbit
csókolni

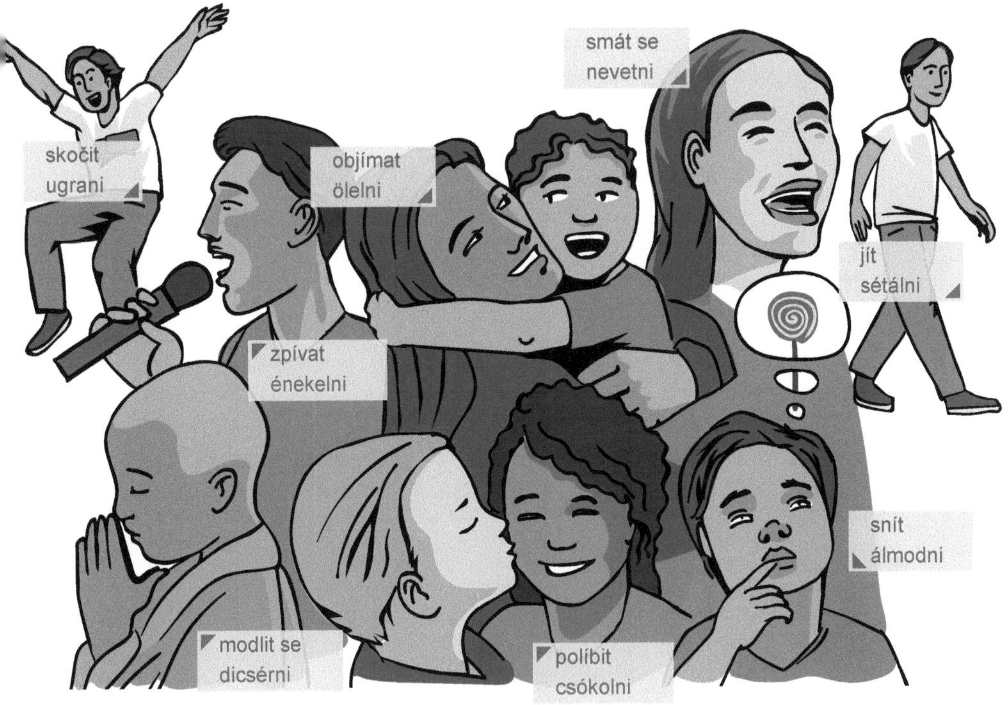

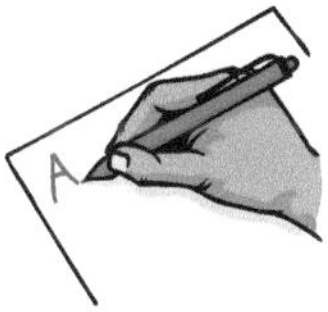

psát
írni

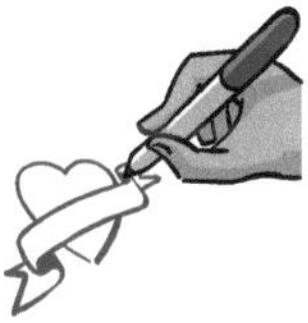

kreslit
rajzolni

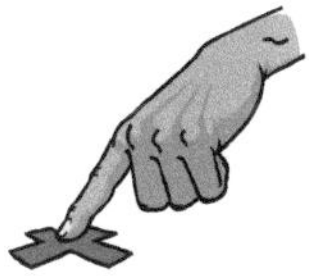

ukazovat
mutatni

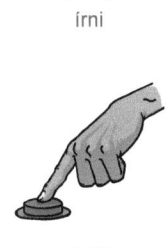

tlačit
tolni

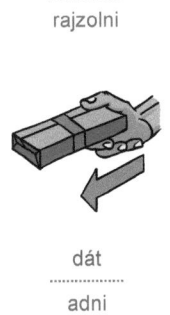

dát
adni

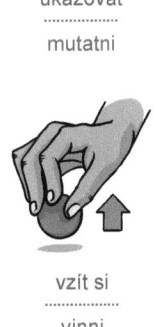

vzít si
vinni

mít
birtokolni

dělat
csinálni

být
lenni

stát
állni

běhat
futni

táhnout
húzni

hodit
hajít

padat
esni

ležet
hazudni

čekat
várni

nosit
vinni

sedět
ülni

oblékat
felvenni

spát
aludni

vzbudit se
felébredni

prohlédnout si

ránézni

plakat

sírni

pohladit

simogat

česat

fésülni

hovořit

beszélni

rozumět

megérteni

ptát se

kérdezni

slyšet

hallgatni

pít

inni

jíst

enni

uklidit

takarítani

milovat

szeretni

vařit

főzni

jet

vezetni

letět

szállni

plachtit

vitorlázni

počítat

számol

číst

olvasni

učit se

tanulni

pracovat

dolgozni

vzít si

házasodni

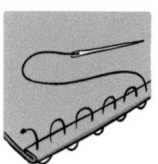

šít

varrni

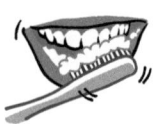

čistit si zuby

fogat mosni

zabít

ölni

kouřit

dohányozni

poslat

küldeni

babička
nagymama

dědeček
nagypapa

otec
apa

matka
anya

dítě
kisbaba

dcera
lány

syn
fiú

host
vendég

teta
nagynéni

strýc
nagybácsi

bratr
fiútestvér

sestra
lánytestvér

tělo

test

čelo
homlok
oko
szem
rameno
váll
prst
ujj
obličej
arc
brada
áll
ruka
kéz
dolní končetina
láb
hruď
mell
paže
kar

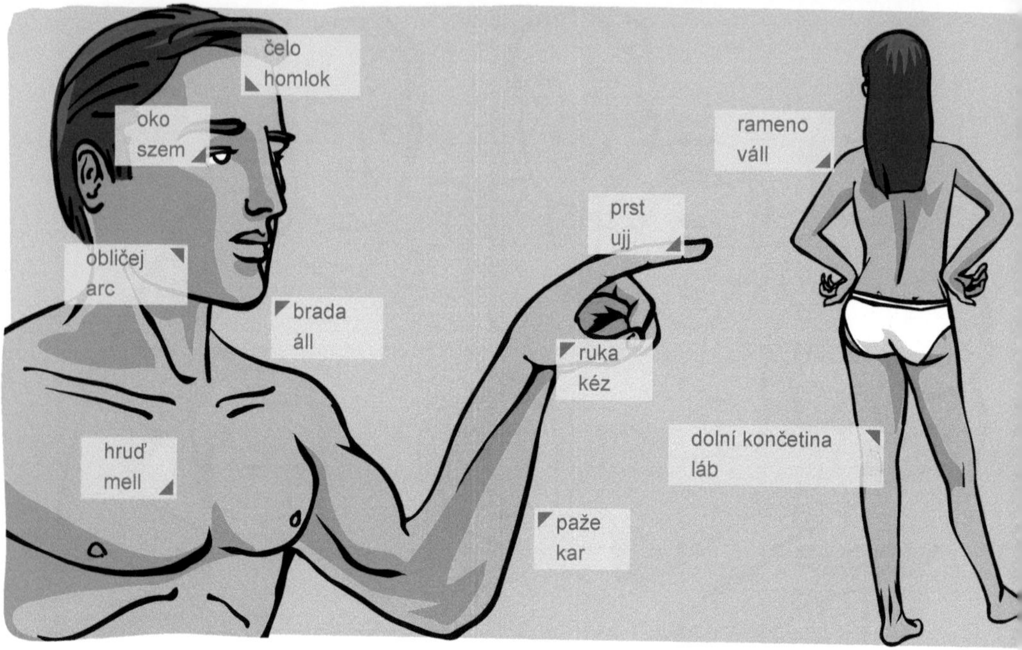

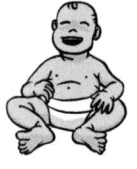

dítě

kisbaba

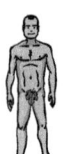

muž

ember

žena

nő

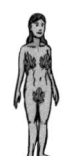

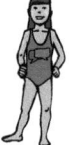

dívka

lány

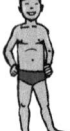

chlapec

fiú

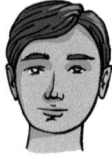

hlava

fej

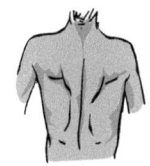

záda

hát

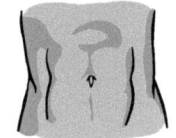

břicho

has

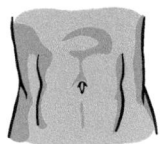

pupík

köldök

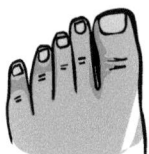

prst na noze

lábujj

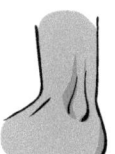

pata

sarok

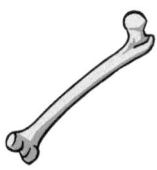

kost

csont

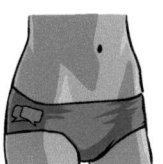

bok

csípő

koleno

térd

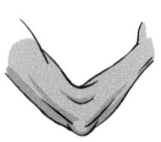

loket

könyök

nos

orr

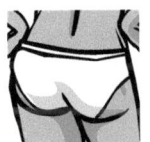

zadek

fenék

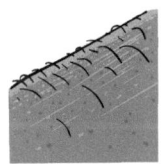

kůže

bőr

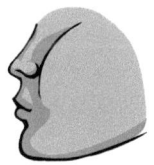

tvář

orca

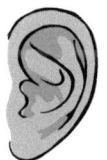

ucho

fül

ret

ajak

úsa

száj

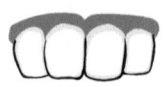

zub

fog

jazyk

nyelv

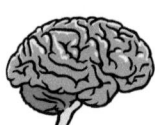

mozek

agy

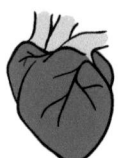

srdce

szív

sval

izom

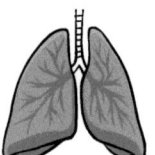

plíce

tüdő

játra

máj

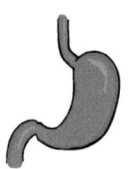

žaludek

gyomor

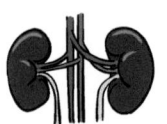

ledviny

vese

pohlavní styk

szex

kondom

kondom

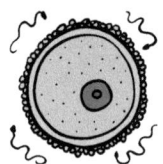

vajíčko

petesejt

sperma

sperma

těhotenství

terhesség

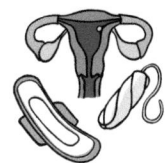

menstruace

menstruáció

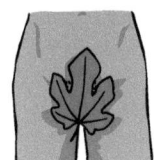

vagina

vagina

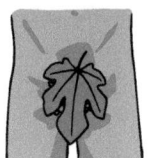

penis

pénisz

obočí

szemöldök

vlasy

haj

krk

nyak

nemocnice
kórház

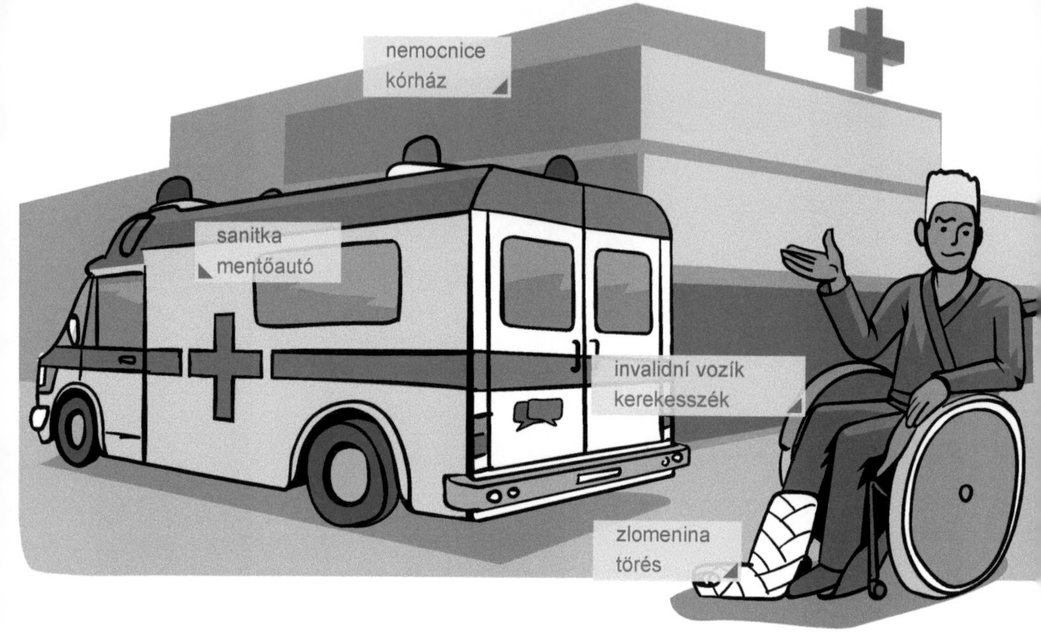

nemocnice
kórház
sanitka
mentőautó
invalidní vozík
kerekesszék
zlomenina
törés

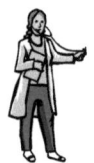

lékař

orvos

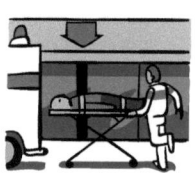

pohotovost

sürgősségi osztály

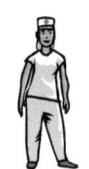

zdravotní sestra

ápoló

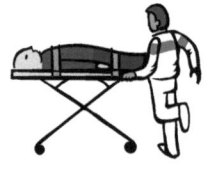

urgentní případ

vészhelyzet

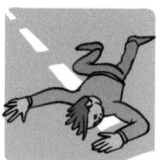

v bezvědomí

eszméletlen

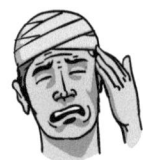

bolest

fájdalom

úraz

sérülés

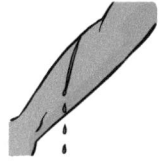

krvácení

vérzés

infarkt myokardu

szívroham

cévní mozková příhoda

szélütés

alergie

allergia

kašel

köhögés

horečka

láz

chřipka

influenza

průjem

hasmenés

bolest hlavy

fejfájás

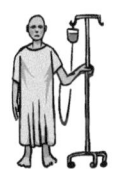

rakovina

rák

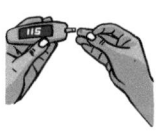

cukrovka

cukorbetegség

chirurg

sebész

skalpel

szike

operace

műtét

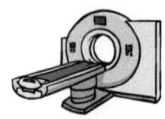

CT
CT

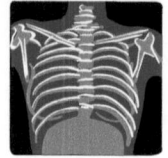

rentgen
röntgen

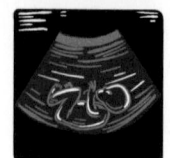

ultrazvuk
ultrahang

maska
arcmaszk

nemoc
betegség

čekárna
váróterem

berle
mankó

náplast
sebtapasz

obvaz
kötszer

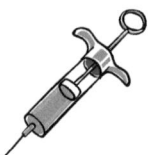

injekce
injekció

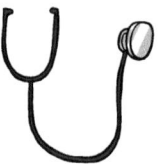

stetoskop
sztetoszkóp

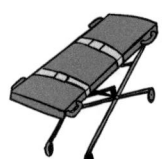

nosítka
hordágy

teploměr
klinikai hőmérő

porod
születés

nadváha
túlsúly

naslouchátko

hallókészülék

dezinfekční prostředek

fertőtlenítőszer

infekce

fertőzés

virus

vírus

HIV / AIDS

HIV/AIDS

lékařství

orvosság

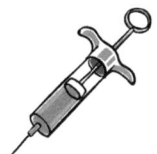

očkování

oltás

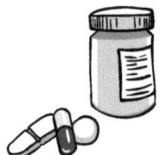

tablety

tabletták

pilulka

tabletta

tísňové volání

sürgősségi hívás

tonometr

vérnyomásmérő

nemocný / zdravý

betegség / egészség

Pomoc!

Segítség!

poplach

riasztás

přepadení

rajtaütés

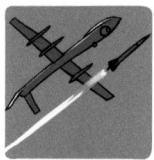

napadení

támadás

nebezpečí

veszély

nouzový východ

vészkijárat

Hoří!

tűz!

hasicí přístroj

tűzoltókészülék

nehoda

baleset

zdravotnická brašna

elsősegélycsomag

SOS

SOS

policie

rendőrség

Evropa

Európa

Severní Amerika

Észak-Amerika

Jižní Amerika

Dél-Amerika

Afrika

Afrika

Asie

Ázsia

Austrálie

Ausztrália

Atlantik

Atlanti-óceán

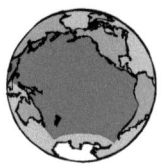

Pacifik

Csendes-óceán

Indický oceán

Indiai-óceán

Jižní ledový oceán

Déli-óceán

Severní ledový oceán

Jeges-tenger

severní pól

Északi-sark

jižní pól
....
Déli-sark

Antarktida
....
Antarktisz

země
....
föld

pevnina
....
szárazföld

moře
....
tenger

ostrov
....
sziget

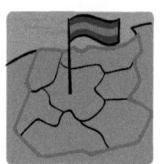

národ
....
nemzet

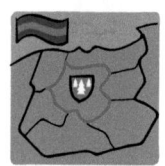

stát
....
állam

ciferník

számlap

hodinová ručička

kismutató

minutová ručička

nagymutató

vteřinová ručička

másodpercmutató

Kolik je hodin?

Mennyi az idő?

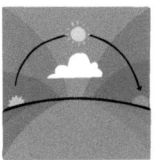

den

nap

čas

idő

teď

most

digitální hodinky

digitális óra

minuta

perc

hodina

óra

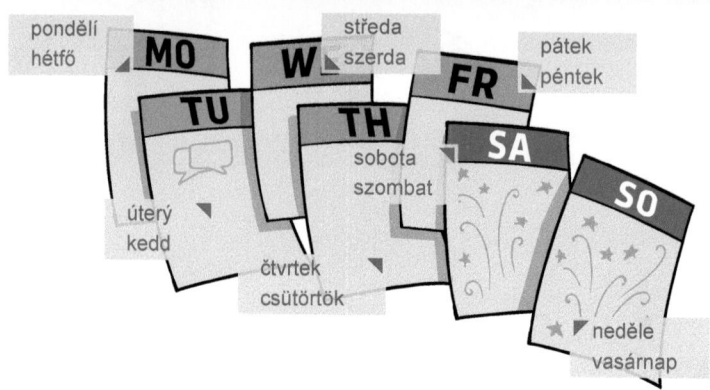

pondělí
hétfő

MO

středa
szerda

W

pátek
péntek

FR

TU

TH

SA

SO

úterý
kedd

sobota
szombat

čtvrtek
csütörtök

neděle
vasárnap

včera
....
tegnap

dnes
....
ma

zítra
....
holnap

ráno
....
reggel

poledne
....
dél

večer
....
este

MO	TU	WE	TH	FR	SA	SU
1	2	3	4	5	6	7
8	9	10	11	12	13	14
15	16	17	18	19	20	21
22	23	24	25	26	27	28
29	30	31	1	2	3	4

pracovní dny
....
hétköznap

MO	TU	WE	TH	FR	SA	SU
1	2	3	4	5	6	7
8	9	10	11	12	13	14
15	16	17	18	19	20	21
22	23	24	25	26	27	28
29	30	31	1	2	3	4

víkend
....
hétvége

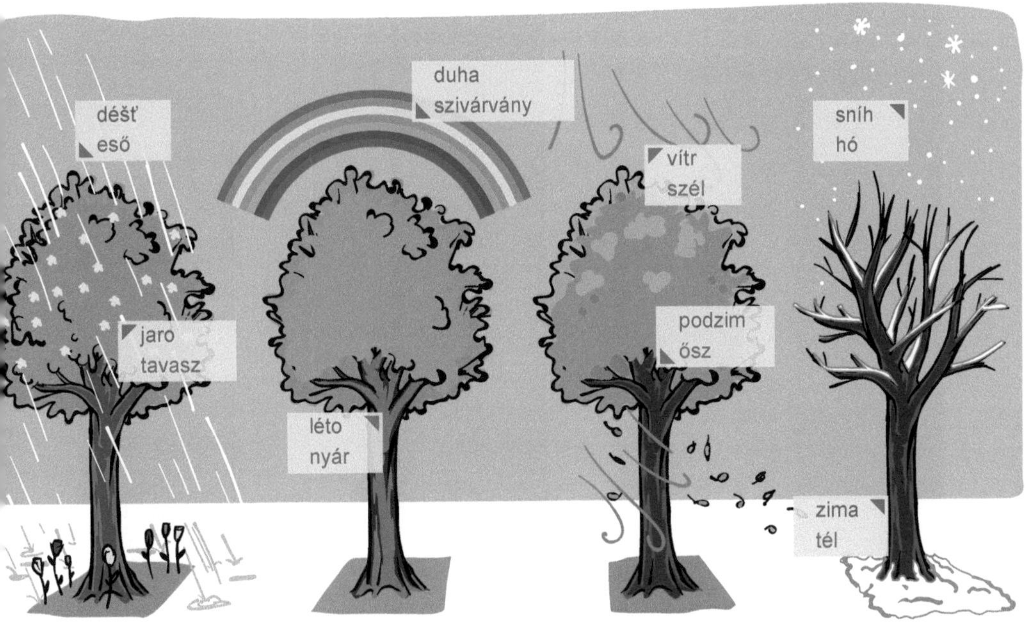

déšť
eső
duha
szivárvány
vítr
szél
sníh
hó
jaro
tavasz
podzim
ősz
léto
nyár
zima
tél

4.APRIL 11°
5.APRIL 4°
6.APRIL 13°
7.APRIL 8°
8.APRIL 10°

předpověď počasí

időjárás előrejelzés

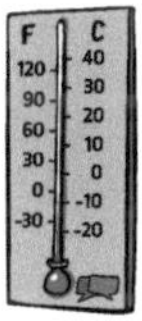

F C
120 40
90 30
60 20
30 10
0 0
-30 -10
-20

teploměr

hőmérő

sluneční svit

napsütés

mrak

felhő

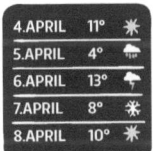

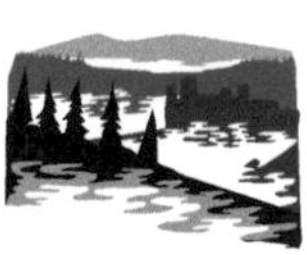

mlha

köd

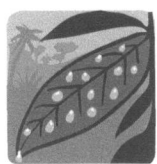

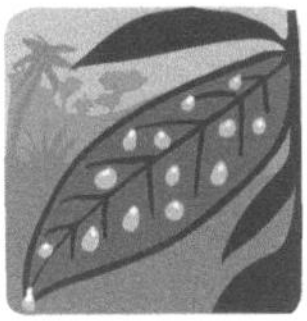

vlhkost

páratartalom

blesk
villámlás

hrom
mennydörgés

bouřka
vihar

kroupy
jégeső

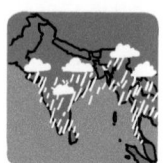

monzun
monszun

povodeň
áradás

led
jég

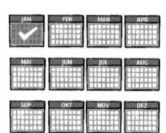

leden
január

únor
február

březen
március

duben
április

květen
május

červen
június

červenec
július

srpen
augusztus

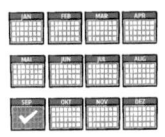

září
....
szeptember

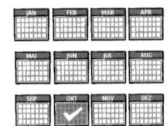

říjen
....
október

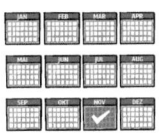

listopad
....
november

prosinec
....
december

kruh
....
kör

čtverec
....
négyzet

obdélník
....
téglalap

trojúhelník
....
háromszög

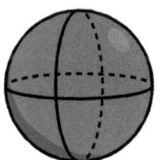

koule
....
gömb

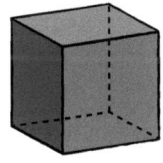

krychle
....
kocka

bílá
....
fehér

žlutá
....
sárga

oranžová
....
narancs

růžová
....
rózsaszín

červená
....
piros

fialová
....
lila

modrá
....
kék

zelená
....
zöld

hnědá
....
barna

šedá
....
szürke

černá
....
fekete

hodně / málo

sok / kevés

rozzuřený / mírumilovný

mérges / nyugodt

krásný / ošklivý

szép / csúnya

začátek / konec

kezdet / vég

velký / malý

nagy / kicsi

světlý / tmavý

világos / sötét

bratr / sestra

fivér / nővér

čistý / špinavý

tiszta / koszos

úplný / neúplný

teljes / nem teljes

den / noc

nappal / éjszaka

mrtvý / živý

halott / élő

široký / úzký

széles / keskeny

jedlý / nejedlý

ehető / nem ehető

zlý / hodný

gonosz / kedves

vzrušený / znuděný

izgatott / unott

tlustý / hubený

kövér / vékony

nejdříve / naposledy

elsö / utolsó

přítel / nepřítel

barát / ellenség

plný / prázdný

teli / üres

tvrdý / měkký

kemény / puha

těžký / lehký

nehéz / könnyű

hlad / žízeň

éhség / szomjúság

nemocný / zdravý

betegség / egészség

ilegální / legální

illegális / legális

inteligentní / hloupý

intelligens / buta

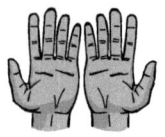

vlevo / vpravo

bal / jobb

blízko / daleko

közel / távol

nový / použitý
új / használt

nic / něco
semmi / valami

starý / mladý
idős / fiatal

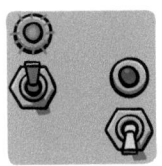

zapnutý / vypnutý
be / ki

otevřeno / zavřeno
nyitva / zárva

tichý / hlasitý
csendes / hangos

bohatý / chudý
gazdag / szegény

správný / špatný
helyes / helytelen

drsný / hladký
érdes / sima

smutný / šťastný
szomorú / vidám

krátký / dlouhý
rövid / hosszú

pomalý / rychlý
lassú / gyors

vlhký / suchý
nedves / száraz

teplý / chladný
meleg / hideg

válka / mír
háború / béke

0	**1**	**2**
nula	jedna	dva
nulla	egy	kettő

3	**4**	**5**
tři	čtyři	pět
három	négy	öt

6	**7**	**8**
šest	sedm	osm
hat	hét	nyolc

9	**10**	**11**
devět	deset	jedenáct
kilenc	tíz	tizenegy

12

dvanáct

tizenkettő

13

třináct

tizenhárom

14

čtrnáct

tizennégy

15

patnáct

tizenöt

16

šestnáct

tizenhat

17

sedmnáct

tizenhét

18

osmnáct

tizennyolc

19

devatenáct

tizenkilenc

20

dvacet

húsz

100

sto

száz

1.000

tisíc

ezer

1.000.000

milion

millió

angličtina

angol

americká angličtina

amerikai angol

standardní čínština

mandarin kínai

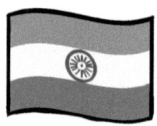

hindština

hindi

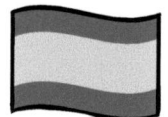

španělština

spanyol

francouzština

francia

arabština

arab

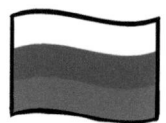

ruština

orosz

portugalština

portugál

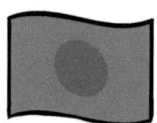

bengálština

bengáli

němčina

német

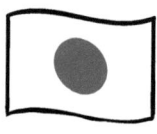

japonština

japán

já

én

ty
----
te

on / ona / ono

ő

my
----
mi

vy
----
ti

oni

ők

Kdo?
----
ki?

Co?
----
mi?

Jak?
----
hogyan?

Kde?
----
hol?

Kdy?
----
mikor?

jméno
----
név

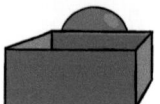

za

mögött

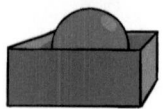

do

benne

z

elötte

nad

felette

na

rajta

mezi

alatta

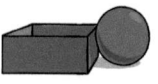

vedle

mellett

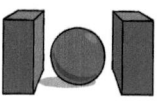

mezi

között

místo

hely